INSTRUCTION DU 20 FEVRIER 1900

SUR LE

SERVICE DES ÉTATS-MAJORS

Mise à jour jusqu en Mai 1906

PARIS

HENRI CHARLES-LAVAUZELLE

Editeur militaire

10 Rue Danton Boulevard Saint Germain 118

(MEME MAISON A LIMOGES)

INSTRUCTION

SUR LE

SERVICE DES ÉTATS-MAJORS

Paris, le 20 février 1900.

TABLE DES MATIÈRES

MODÈLES.

OBJET DE L'INSTRUCTION

La présente instruction, qui annule et remplace les instructions ministérielles du 3 janvier 1891 et du 6 mars 1893, a pour objet le fonctionnement du service des états-majors, en temps de paix et en campagne.

PREMIÈRE PARTIE.

Service en temps de paix.

CHAPITRE Ier.

FONCTIONS, ATTRIBUTIONS ET EMPLOI DU PERSONNEL.

Chef d'état-major.

Art. 1er. *Fonctions et attributions.* — Le chef d'état-major organise le fonctionnement d'ensemble de son état-major, dirige l'exécution du service journalier et l'instruction militaire des officiers. Il en est responsable vis-à-vis du général.

Ses attributions à l'égard du personnel placé sous ses ordres sont celles d'un chef de corps; il en a tous les droits et tous les devoirs.

DISPOSITIONS GÉNÉRALES.

Les prescriptions relatives aux heures de travail du personnel sont laissées à l'initiative du chef d'état-major.

Dans les états-majors dont le personnel le permet, les capitaines et les lieutenants font, à tour de rôle, un service de jour ou de semaine. Il en est de même des officiers d'administration.

L'officier et l'officier d'administration de service sont chargés de traiter les affaires urgentes en l'absence des autres officiers et officiers d'administration.

En principe, les généraux signent eux-mêmes la correspondance. Cette règle s'applique spécialement aux dépêches adressées au Ministre, autres que les bordereaux d'envoi, les accusés de réception et les bulletins de transmission; à celles qui contiennent soit une décision de principe, soit un blâme ou des éloges à l'égard d'un officier ou d'un fonctionnaire militaire; à celles qui traitent d'affaires d'un intérêt supérieur, quelle que soit l'autorité à laquelle elles sont adressées; à celles qui engagent ou suspendent l'action de la justice.

Le chef d'état-major peut être autorisé à signer par ordre le reste de la correspondance. Il signe toujours les pièces établies pour copie conforme ou par ampliation.

Lorsque le général s'absente de sa résidence sans être remplacé par un intérimaire, le chef d'état-major peut signer par ordre la correspondance.

Le chef d'état-major doit prendre les mesures nécessaires pour éviter les indiscrétions et empêcher la divulgation des documents confidentiels ou secrets.

Il doit mettre tout officier ou employé prenant possession de son service au courant de ses devoirs au sujet de la discrétion professionnelle; cette discrétion ne doit pas s'étendre seulement aux affaires confidentielles ou secrètes venues à la connaissance de l'officier ou employé, mais aussi, d'une manière générale, à tout ce qui a trait au service.

Le chef d'état-major établit et conserve les feuillets du personnel et les feuilles du personnel (modèles III et IV de l'article 16 du règlement du 20 octobre 1892 sur le service intérieur des troupes d'infanterie) des officiers et des officiers d'administration sous ses ordres. En cas d'absence, ces feuillets et feuilles sont remis au général.

Le feuillet et la feuille du personnel du chef d'état-major sont tenus et conservés par le général.

Les feuillets et feuilles du personnel des officiers d'ordonnance de toutes armes sont tenus par les généraux auxquels ces officiers sont attachés.

Les feuillets et feuilles du personnel sont absolument confidentiels.

Service journalier. — Le chef d'état-major se rend chaque jour chez le général pour prendre ses instructions et recevoir ses ordres.

Il répartit le service journalier entre le personnel et s'attache à ce que tous les officiers soient tenus au courant de l'ensemble des affaires.

Instruction militaire des officiers. — Le chef d'état-major s'occupe, d'une façon toute particulière, de la préparation des officiers à leur service de guerre, auquel ils doivent être constamment entraînés.

Il règle, d'après les ordres du général l'exécution des travaux et exercices prescrits par l'instruction ministérielle du 20 février 1895; il en dirige lui-même la plus grande partie.

Sous-chef d'état-major.

Art. 2. Le sous-chef d'état-major seconde le chef d'état-major dans tous les détails du service. Il le remplace en cas d'absence et a dès lors les mêmes devoirs et les mêmes attributions.

Officiers.

Art. 3. Les officiers doivent être employés à traiter les questions qui concernent la préparation à la guerre, et celles de personnel, de justice militaire et de correspondance générale qui, par leur caractère, ne sauraient être confiées à des sous-ordres.

Ils sont déchargés le plus possible des détails du service courant, afin de pouvoir se préparer constamment au service de guerre.

Officiers d'ordonnance.

Art. 4. Les officiers d'ordonnance constituent le personnel du cabinet des généraux. Ils sont employés à d s missions spéciales et à l'établissement de la partie de la correspondance que se réservent les généraux.

Les généraux commandant les divisions et ceux exerçant un commandement de l'artillerie ou du génie font participer leur officier d'ord nnance au travail de bureau de leur état-major.

Officiers d'administration.

Art. 5. Les officiers d'administration, sous les ordres des officiers du service d'état-major, contribuent au travail de bureau. Ils sont employés à traiter les affaires autres que celles mentionnées à l'article 3 et en particulier les questions de service courant. Dans les états-majors qui comprennent plusieurs officiers d'administration, ceux-ci sont, autant que possible, spécialisés.

Ils sont chargés de l'enregistrement de la correspondance, à l'entrée et à la sortie, du classement et de la conservation des archives, de la surveillance des écritures.

Dans les subdivisions territoriales, ils sont sous les ordres des officiers d'ordonnance des généraux commandant ces subdivisions, quels que soient les grades respectifs de ces officiers d'ordonnance et officiers d'administration. Dans les états-majors des commandements de l'artillerie et du génie, leurs fonctions sont remplies par des officiers d'administration d'artillerie ou des officiers d'administration du génie, si l'état-major en comporte.

Secrétaires.

Art. 6. Les secrétaires font, sous la direction des officiers d'administration, les écritures et tous les travaux d'importance secondaire. Ils sont répartis entre les sections dans les états-majors où cette division est effective, et, autant que possible, spécialisés.

Le plus ancien des secrétaires gradés est désigné pour être leur chef et faire exécuter les prescriptions du chef d'état-major relatives à la garde et à la tenue intérieure des bureaux, à la discipline et au service des plantons.

CHAPITRE II.

RÉPARTITION DU SERVICE.

Section active et section territoriale.

Art. 7. Les affaires sont réparties de la manière suivante entre les deux sections instituées par l'article 16 de la loi du 24 juillet 1873 :

1º *Section active*. — Correspondance générale, instruction et opérations militaires, mouvements de troupes, personnel de l'armée active, justice militaire, administration, service topographique et statistique ;

2º *Section territoriale*. — Organisation, mobilisation, recrutement, réserves et armée territoriale, affaires ressortissant exclusivement au territoire, établissements de l'artillerie, du génie et de l'administration, bâtiments militaires, fortifications.

Dans les états-majors dont l'effectif le permet, un officier supérieur est placé à la tête de chacune des sections, et les autres officiers sont répartis entre elles. Dans ces mêmes états-majors, les sections peuvent être divisées en bureaux. Dans les autres états-majors, la division en sections et en bureaux n'est que conventionnelle ; elle sert uniquement à faire traiter et enregistrer distinctement les affaires suivant leur nature.

CHAPITRE III.

RÈGLES GÉNÉRALES D'ÉTABLISSEMENT DE LA CORRESPONDANCE.

Rédaction.

Art. 8. La correspondance des états-majors doit être rédigée d'une manière méthodique, nette et précise.

En principe, on ne doit traiter que d'une seule affaire dans la même lettre.

La voie hiérarchique doit être rigoureusement suivie, tant avec les inférieurs qu'avec les supérieurs. Lorsque, en cas d'urgence, une communication est envoyée directement au destinataire, ampliation en est adressée en même temps par la voie hiérarchique.

Modes divers de correspondance.

Art. 9. Les modes habituellement employés pour la correspondance des états-majors sont : l'ordre, le rapport, la lettre, la note de service, la demande de renseignements, le bordereau d'envoi. Il peut aussi être fait usage d'une réponse au rapport journalier pour les transmissions de décisions et avis non succeptibles de donner lieu à une instance.

Pour les affaires courantes qui peuvent être constamment traitées sous la même forme, on se sert de formules imprimées.

La circulaire ministérielle du 26 juillet 1880, modifiée par celles des 14 août 1880 et 5 juillet 1883, en indique les modèles et formules d'un usage général.

Télégrammes.

Art. 10. Les télégrammes doivent être réservés pour les circonstances très urgentes ; ils sont toujours suivis d'une confirmation envoyée par la poste.

Quand un télégramme est adressé directement au destinataire sans suivre la voie hiérarchique, la confirmation doit être transmise par la voie hiérarchique, et peut tenir lieu de l'ampliation dont l'envoi est prescrit à l'article 40.

Affaires confidentielles et secrètes.

Art. 11. La mention « secret » ou « confidentiel » (selon le cas) est réservée aux affaires dont la divulgation doit être évitée.

Ces affaires sont traitées exclusivement par les officiers ou les officiers d'administration.

Autographies.

Art. 12. Chaque chef d'état-major doit se préoccuper constamment de diminuer le travail d'écritures soit dans son état-major, soit dans l'état-major de l'échelon inférieur, ainsi que dans les corps ou services.

À cet effet, lorsqu'il y a lieu de communiquer une pièce *in extenso*, il convient de l'autographier et d'adresser aux échelons inférieurs un nombre d'exemplaires suffisant pour qu'ils puissent en envoyer à chacun des destinataires.

Enregistrement de la correspondance.

Art. 13. Toutes les pièces qui arrivent dans un état-major sont timbrées au moyen d'un timbre de réception. Elles sont, en outre, enregistrées sommairement sur un registre dit des entrées, à l'exception de celles qui sont périodiques ou que le chef d'état-major juge inutile de soumettre à cette formalité.

Les documents portant décision de principe sont, de plus, immédiatement inscrits sur des catalogues spéciaux tenus dans chaque section ou bureau.

Aucune communication écrite de service ne doit sortir d'un état-major sans avoir été enregistrée.

L'usage des registres de copies de lettres est recommandé.

Registres.

Art. 14. Le chef d'état-major détermine le nombre et la nature des registres de correspondance. Toutefois les registres de la section active et ceux de la section territoriale sont toujours distincts.

De plus, des registres spéciaux sont tenus :

Pour les ordres généraux ;
Pour les manœuvres d'automne ;
Pour la mobilisation ;
Pour la justice militaire ;
Pour les affaires confidentielles ;
Pour les affaires secrètes.

Ces deux derniers registres restent entre les mains du chef d'état-major.

Expédition de la correspondance.

Art. 15. L'expédition de la correspondance a lieu, sous la responsabilité de l'officier de service, par les soins de l'officier d'administration ou du chef des secrétaires.

CHAPITRE IV.

PIÈCES PÉRIODIQUES. — TABLEAUX. — CONTRÔLES. — JOURNAL DE MOBILISATION. — ARCHIVES.

Tableaux et contrôles.

Art. 16. Il est tenu dans chaque état-major un tableau des pièces périodiques à recevoir et à envoyer ; des contrôles relatifs à diverses catégories d'officiers, d'hommes et de chevaux ; l'état des consignes générales et des tours de service de l'état-major.

Ces documents sont constamment tenus à jour. Le tableau des pièces périodiques est revisé fréquemment, afin d'éviter la production de pièces inutiles.

Un officier d'administration ou, à défaut, un secrétaire gradé est chargé de la tenue de ces différents documents.

Journal de mobilisation.

Art. 17. Dans tout état-major il est tenu un journal de mobilisation établi conformément aux prescriptions ministérielles.

Classement des archives.

Art. 18. Les archives sont divisées en deux parties :

Les archives confidentielles et secrètes ;
Les archives non confidentielles.

Les archives confidentielles et secrètes, dans lesquelles sont compris les documents en dépôt à l'état-major et les pièces relatives à la mobilisation ou aux opérations militaires, sont enfermées dans des armoires présentant toutes garanties et munies de serrures de sûreté. Les clefs sont déposées, en l'absence des officiers, dans le bureau du chef d'état-major.

Les archives non confidentielles sont confiées à un officier d'administration, ou, à défaut, à un secrétaire gradé qui est chargé de leur conservation, de leur classement et de leur bonne tenue.

Elles sont divisées par section et par bureau et comprennent :

1° La collection, par ordre de date, de tous les documents ministériels portant décision de principe;

2° Des dossiers spéciaux relatifs aux affaires importantes;

3° Les pièces reçues, classées par service et par date;

4° Les registres d'ordres et de correspondance.

Elles comprennent encore :

1° La bibliothèque, composée des publications officielles et des règlements en vigueur;

2° Les documents topographiques et statistiques.

Les documents à distribuer ou à emporter en cas de mobilisation et tout le matériel de campagne doivent constamment être au complet, en bon état de conservation et prêts à être utilisés dès le premier jour, suivant leur destination.

Revision annuelle des archives.

Art. 19. A la fin de chaque année, les archives sont revisées avec soin. Tous les documents devenus inutiles sont détruits ou renvoyés au ministère de la guerre; on ne conserve, en fait de pièces reçues, que celles ayant trait à des affaires qui sont susceptibles d'être reprises ou de créer un précédent.

Conservation des archives.

Art. 20. Dans les états-majors qui, lors de la mobilisation, ne sont pas remplacés sur le territoire, des mesures sont prises dès le temps de paix pour assurer la conservation des archives et leur évacuation, s'il y a lieu.

DEUXIÈME PARTIE.
Service en campagne.

CHAPITRE I.

ROLE DE L'ÉTAT-MAJOR. ATTRIBUTIONS DU CHEF D'ÉTAT-MAJOR.

Art. 21. Le rôle d'un état-major en campagne est :

1° De transmettre les ordres du général relatifs aux opérations militaires et au fonctionnement des divers services;

2° De recueillir et de fournir au commandement à tous les degrés les renseignements qui peuvent être utiles.

Le chef d'état-major dirige l'ensemble du service. Il répartit, comme il l'entend, les diverses missions et fonctions entre les officiers placés sous ses ordres.

CHAPITRE II.

SERVICE EXTÉRIEUR.

Art. 22. Les officiers d'état-major peuvent être chargés de toutes les missions que le commandement juge à propos de leur confier.

Ils peuvent notamment :

Être envoyés dans les cantonnements et bivouacs, les ambulances, les hôpitaux, assister aux distributions ou aux opérations de ravitaillement, etc.

Être employés aux reconnaissances du terrain et de l'ennemi.

Être détachés auprès des troupes pour les guider, assurer l'ordre aux points de formation ou de croisement des colonnes, déterminer et indiquer les emplacements de grand'halte, répartir les cantonnements ou bivouacs, reconnaître l'installation des avant-postes, etc.

Porter des ordres importants, s'assurer de leur exécution, suivre la marche d'une action.

Être envoyés en mission à l'ennemi.

L'officier d'état-major chargé d'une mission a le droit de demander, dans la limite de ses instructions, aux commandants de troupe ou aux chefs de service tous les renseignements et tous les moyens (escortes, chevaux, etc.) nécessaires à l'exécution de sa mission.

Ceux-ci ont le devoir de lui donner toute l'assistance en leur pouvoir pour en faciliter l'accomplissement.

A grade égal, l'officier d'état-major chargé d'une mission exerce le commandement sur tous les autres officiers employés à la même mission.

Toute mission doit être suivie d'un compte rendu, écrit ou verbal.

Missions auprès des troupes ou services.

Art. 23. Les officiers d'état-major envoyés auprès d'un commandant de troupe ou d'un chef de service n'ont pas d'observations à formuler; ils ne doivent pas s'immiscer dans la conduite de la troupe ou le fonctionnement du service.

Leur mission consiste à porter les ordres du commandement, à répondre aux demandes d'explications qui leur sont posées, à transmettre les réponses ou comptes rendus qui leur sont remis, à voir et à rendre compte à leur chef.

Transmission des ordres.

Art. 24. L'officier porteur d'un ordre verbal doit le répéter, pour donner à son chef l'assurance qu'il a bien entendu et bien compris.

L'officier porteur d'un ordre écrit doit, autant que possible, être initié à son contenu ; il pourra ainsi le transmettre verbalement, s'il est forcé de détruire en route le pli qui lui a été confié.

Si la situation à laquelle se rapportait l'ordre s'est modifiée ou n'est pas celle que supposait le commandement, l'officier n'en transmet pas moins l'ordre qu'il a reçu ; il y ajoute ensuite les explications nécessaires au sujet du but que se proposait son chef au moment où il l'a quitté.

Si l'ordre comporte une exécution immédiate, l'officier assiste, ordinairement, au commencement de l'exécution afin d'en rendre compte.

Missions à l'ennemi.

Art. 25. Les missions à l'ennemi ne sont ordonnées que par les généraux en chef, les commandants des places de guerre investies, les commandants des corps de siège et les commandants des détachements isolés.

L'officier qui en est chargé porte le nom de parlementaire.

Il est accompagné d'un sous-officier ou d'un brigadier et d'un trompette porteur d'un drapeau blanc.

CHAPITRE III.

SERVICE DES BUREAUX.

Répartition des officiers.

Art. 26. Dans les états-majors d'armée, les officiers sont répartis entre trois bureaux :

1er Bureau. — Personnel et matériel.

2e Bureau. — Renseignements et affaires politiques.

3e Bureau. — Opérations et mouvements.

Dans les états-majors de corps d'armée et de division les 2e et 3e bureaux sont réunis.

Dans les états-majors où le nombre restreint des officiers ne permet pas de les répartir effectivement en bureaux, l'organisation par bureaux n'est plus que conventionnelle, c'est-à-dire qu'elle n'est observée que pour l'établissement et l'enregistrement de la correspondance.

1° Service particulier de chaque bureau.

Ier BUREAU.

Attributions du bureau.

Art. 27. Le 1er bureau (personnel et matériel) s'occupe des questions suivantes :

1° Organisation, situations, effectifs, pertes, évacuations, remplacements, mutations, remontes, avancement et récompenses, police et discipline, justice militaire, prévôté, sauvegardes, état civil ;

2º Munitions, vivres et matériel de tout genre, constitution, consommation et renouvellement des approvisionnements ;

3º Correspondance générale avec les différents services ;

4º Relations avec le service de l'arrière s'il y a lieu.

Le service du quartier général est rattaché au 1er bureau.

Situation de prises d'armes.

Art. 28. La situation de prise d'armes (modèle 2), a pour objet de faire connaître, chaque matin, au commandement, la situation des combattants, des vivres et des munitions. Elle est établie à la date du jour et transmise d'urgence, au réveil, par les moyens les plus rapides, en utilisant au besoin le télégraphe.

Les situations établies par les corps sont remises à la brigade qui les envoie immédiatement à la division. Celle-ci les envoie à l'état-major du corps d'armée. Les troupes non embrigadées et les brigades non endivisionnées envoient directement leurs situations à l'état-major du corps d'armée.

L'état-major du corps d'armée fait immédiatement un relevé de ces situations (mod. nº 3) qu'il adresse à l'armée, ordinairement par voie télégraphique.

Situation-rapport des cinq jours.

Art. 29. La situation-rapport des cinq jours (mod. 4) a pour objet de faire connaître le nombre des hommes et des chevaux présents à l'armée. Elle renseigne le commandement sur les variations d'effectifs, sur les mutations des officiers, l'état sanitaire, la situation des vivres et munitions, etc.

Les chefs de corps et de détachement, les chefs des différents services du corps d'armée, les établissent et les transmettent le plus tôt possible par la voie hiérarchique aux dates des 1er, 6, 11, 16, 21 et 26 de chaque mois.

Ces situations-rapports sont établies dans la soirée, à la date du jour.

Les troupes non endivisionnées et les chefs de service envoient directement leurs situations à l'état-major du corps d'armée.

Les généraux de brigade envoient les situations des corps sous leurs ordres, soit directement à l'état-major des corps d'armée si leurs brigades ne sont pas endivisionnées, soit à l'état-major de la division, dans le cas contraire, après avoir fait ajouter sur l'une d'elles les renseignements concernant leur état-major.

Les généraux de division font établir et transmettent les situations-rapports de leurs divisions.

Ces situations-rapports servent à l'établissement de la situation-rapport des corps d'armée qui est adressée tous les cinq jours au commandant de l'armée.

Tous les cinq jours également, le chef d'état-major général de l'armée envoie au Ministre ainsi qu'au commandant des armées, s'il y a lieu, la situation-rapport des cinq jours établie pour l'ensemble de l'armée, d'après les situations-rapports des corps d'armée, des troupes et services non compris dans les corps d'armée.

E'ats de pertes.

Art. 30. Les états de pertes (mod. n° 5, 6, 6 *bis*, 6 *ter*) et les états des militaires ennemis faits prisonniers sont établis chaque fois qu'il y a lieu et adressés à l'échelon supérieur.

2ᵉ BUREAU.

Attributions du bureau.

Art. 31. Le 2ᵉ bureau est chargé :
1° Du service des renseignements et des affaires politiques ;
2° Du service topographique.

Service des renseignements.

Art. 32. Dans le service des renseignements et des affaires politiques rentre tout ce qui concerne :
L'ordre de bataille de l'ennemi, ses emplacements et ses mouvements, l'exploration et les reconnaissances ;
Les interprètes, journalistes et agents divers ;
Les relations éventuelles avec l'ennemi, les parlementaires, les déserteurs et les prisonniers de guerre ;
Les relations avec les autorités civiles des pays occupés, les contributions de guerre et les réquisitions.

Transmission des renseignements. — Bulletin journalier.

Art. 33. Les renseignements importants recueillis sur l'ennemi et sur la situation de guerre sont transmis d'urgence, et, si possible, télégraphiquement.

Fonds secrets.

Art. 34. Des fonds secrets destinés à rémunérer les agents, guides, courriers, etc..., sont confiés au chef d'état-major qui acquitte ou fait acquitter toutes les dépenses relatives au service des renseignements. Il fait tenir, à cet effet, un carnet spécial et fait établir à la fin de chaque mois, en double expédition, l'état des sommes dépensées en indiquant le motif de chaque allocation. Il conserve une de ces expéditions et envoie l'autre à l'autorité supérieure.

Relations avec l'ennemi.

Art. 35. Les relations éventuelles avec l'ennemi ont trait à l'envoi de parlementaires, à l'établissement de cartels d'échange pour les prisonniers, à l'application des dispositions de la Convention de Genève pour les blessés et les formations sanitaires, à la conclusion de conventions militaires, suspensions d'armes, armistices.

Relations avec le territoire occupé.

Art. 36. Les relations avec les autorités civiles, les fonctionnaires et les habitants des territoires occupés sont réglées conformément aux dispositions générales du règlement sur le service des étapes et aux ordres du général en chef, d'après les principes admis en matière de droit international.

Service topographique.

Art. 37 Le service topographique s'applique à tout ce qui est relatif aux renseignements sur le terrain et aux ressources du pays : levés topographiques, utilisation des renseignements fournis par la cavalerie, de ceux recueillis auprès des habitants, documents trouvés dans le pays, etc.

Dans un état-major général d'armée, le service topographique tient à jour la carte du théâtre de la guerre et établit :

Les cartes directrices des opérations ;

Les croquis qui peuvent accompagner la préparation et l'exécution des ordres de mouvement, de déploiement et de combat ;

Les cartes ou croquis qui doivent être joints aux rapports de l'armée et au journal des marches et opérations.

Sur les cartes directrices sont autant que possible portés chaque jour :

1º Les emplacements des forces ennemies, d'après les renseignements recueillis par le 2º bureau ;

2º Les emplacements des troupes de l'armée, d'après les renseignements fournis par le 3º bureau ;

3º Les voies de communication existantes, utilisables dans un rayon de trois marches autour de l'armée; la population des communes et autres renseignements utiles qui peuvent y être figurés.

Dans les états-majors de corps d'armée, de division et de brigade, il n'est pas tenu de cartes directrices; on se borne à tenir les cartes à jour et à établir les croquis et les cartes de détail qui doivent être joints aux ordres et aux rapports, au journal des renseignements et au journal des marches et opérations.

3º BUREAU.

Attributions du bureau.

Art. 38. Le 3º bureau est chargé du service des opérations et des mouvements de troupe comprenant les questions suivantes :

1º Stationnements, mouvements, combats, détachements, partisans, etc.;

2º Mot d'ordre;

3º Revues et cérémonies;

4º Journal des marches et opérations.

Rédaction des ordres, des instructions et des comptes rendus.

Art. 39. La principale attribution du 3e bureau est la rédaction des ordres et instructions relatifs aux opérations.

Le 3e bureau établit également les comptes rendus qui doivent être adressés journellement au commandement supérieur pour le tenir au courant des opérations exécutées et de la situation.

Journal des marches et opérations.

Art. 40. L'instruction ministérielle du 5 décembre 1874 a tracé les règles pour la rédaction du journal des marches et opérations.

L'indication des heures auxquelles les événements se sont produits, celle des heures de réception ou d'expédition des ordres et des renseignements doivent être mises en évidence dans la rédaction.

Service des officiers d'ordonnance.

Art. 41. Le service des officiers d'ordonnance est réglé par le général à la personne duquel ils sont attachés. Dans les brigades, les officiers d'ordonnance assurent le service d'état-major de la brigade.

2° Installation des bureaux. — Fonctionnement du service.

————

Installation des bureaux.

Art. 42. Les bureaux des états-majors doivent être établis, en principe, dans les mairies ou dans les bâtiments d'un accès facile.

Leur installation doit comporter, autant que possible, des pièces séparées : pour le chef d'état-major; pour les officiers; pour les secrétaires et pour les plantons.

Les chefs d'état-major doivent prendre toutes les mesures nécessaires pour prévenir les indiscrétions et assurer la sécurité des bureaux.

Ils donnent, à cet effet, les instructions les plus formelles à tout le personnel sous leurs ordres. L'entrée des bureaux est absolument interdite à toute personne étrangère; l'officier de jour peut seul, dans la limite fixée par le chef d'état-major, être autorisé à répondre aux demandes de renseignements; il reçoit ces demandes et y répond en dehors des pièces réservées aux bureaux.

Lors d'un changement de cantonnement, tous les papiers, cartes, etc., abandonnés dans les bureaux doivent être brûlés.

Les documents relatifs aux opérations sont conservés sous clef.

Officiers de jour et de piquet.

Art. 43. Un officier et un secrétaire au moins sont commandés de service de jour à tour de rôle. Ce service est de vingt-quatre heures. L'officier et le secrétaire de jour couchent au bureau. Un autre officier est commandé de piquet. Il est prêt à remplacer et à assister l'officier de jour. L'officier de piquet prend le service de jour le lendemain.

Il reçoit du chef d'état-major les instructions relatives à l'ouverture, à la distribution et à l'expédition des dépêches.

L'officier de jour tient un carnet d'entrée (mod. nᵒ 1) sur lequel il inscrit le numéro et l'heure d'arrivée de toutes les dépêches, notes et communications écrites ou verbales, relatives aux opérations, reçues à l'état-major, tant en station qu'en mouvement; les carnets, une fois terminés, seront remis au 1ᵉʳ bureau et conservés par lui.

En cas de mouvement, l'officier de piquet veille au départ du personnel et du matériel des bureaux, et rejoint le chef d'état-major.

Etablissement et enregistrement de la correspondance.

Art. 44. Les prescriptions réglementaires relatives à l'établissement et à l'enregistrement de la correspondance dans les états-majors en temps de paix sont appliqués en campagne.

Toutes les pièces doivent porter l'indication du bureau d'où elles proviennent et celle du bureau auquel elles sont destinées.

Les ordres, avis, comptes rendus, etc., relatifs aux opérations ou au service des renseignements doivent toujours porter la mention de la date, de l'heure et du lieu d'expédition.

L'indication de la date et de l'heure d'arrivée est inscrite sur toute dépêche au moment de sa réception.

Les pièces importantes ou confidentielles doivent toujours être écrites de la main des officiers ou sous leur surveillance immédiate. Le collationnement des ordres concernant les opérations est fait par un officier, qui en surveille également la reproduction.

Les dépêches et les documents reçus sont classés et conservés par les bureaux compétents.

L'enregistrement se fait sur des registres réduits au nombre strictement nécessaire. Il y a avantage à faire usage de registres copie-lettres.

Expédition et transmission de la correspondance.

Art. 45. Les pièces importantes et, en particulier, les ordres d'opérations, doivent toujours être mis sous enveloppe par un officier.

Toute dépêche portée par un cavalier, un vélocipédiste ou un planton doit être accompagnée d'un reçu indiquant l'heure de l'expédition et, lorsqu'elle est transmise par un cavalier, l'allure à employer.

Le destinataire inscrit sur le reçu le lieu et l'heure de réception de la dépêche et de la mise en route pour le retour. Les reçus des dépêches importantes doivent être classés et conservés avec le plus grand soin.

Toutes les communications doivent être adressées sous la désignation du grade et de l'emploi des autorités auxquelles elles sont destinées, sans indication de nom.

Les emplacements des quartiers généraux doivent être exactement connus de toutes les autorités supérieures ou inférieures avec lesquelles ces quartiers généraux peuvent avoir à se mettre en correspondance. A cet effet, chaque autorité a l'obligation de se mettre aussitôt que possible en relation avec l'autorité immédiatement supérieure.

Les états-majors doivent être signalés, pendant la nuit, par la lanterne distinctive spéciale à chaque commandement.

Afin d'assurer l'échange des communications dans l'intérieur d'un même corps d'armée, surtout pendant la nuit, on fera, autant que possible, reconnaître, pendant le jour, par des estafettes, vélocipédistes ou plantons de chaque état-major, les chemins qui mettent ces états-majors en relation.

Dans les villes un peu importantes, on fait conduire les plantons par des guides fournis par les municipalités.

Archives.

Art. 46. Les archives sont classées et conservées distinctement dans chaque bureau.

Afin d'éviter l'encombrement des archives, les chefs d'état-major évacuent sur l'intérieur, tous les mois au moins, les documents devenus inutiles.

Pièces soumises à la signature du général.

Art. 47. Les chefs d'état-major présentent à la signature du général toutes les pièces adressées au Ministre ou au commandement supérieur. Ils présentent également à sa signature, quelle que soit l'autorité à laquelle elles sont adressées, les pièces qui traitent des questions d'ordre supérieur, celles qui engagent l'action judiciaire ou qui contiennent soit une décision de principe, soit un blâme ou des éloges.

Pièces signées par le chef d'état-major.

Art. 48. Les chefs d'état-major signent par ordre le reste de la correspondance.

Les majors généraux peuvent déléguer, pour cette signature, les aides-majors généraux.

Les sous-chefs d'état-major peuvent être autorisés par les généraux à signer par ordre et pour le chef d'état-major empêché.

Les chefs d'état-major signent encore pour ampliation et pour copie conforme :

Pour ampliation : les expéditions des ordres, après en avoir fait approuver la minute par le général;

Pour copie conforme : les copies ou extraits textuels des documents à communiquer.

Enfin, ils signent en leur propre nom les pièces relatives aux questions de service rentrant dans les attributions personnelles qui leur sont conférées par les règlements.

Pièces signées par les généraux commandant une brigade.

Art. 49. Dans les brigades, toutes les pièces sont signées par le général lui-même.

Correspondance télégraphique.

Art. 50. Les chefs de service, dans les quartiers généraux, sont autorisés à employer le télégraphe.

Aucune dépêche présentée à un bureau de quartier général ne peut être expédiée sans le visa du chef ou du sous-chef d'état-major, qui la classe, s'il est nécessaire, suivant son degré d'urgence; si elle doit être retardée ou refusée, avis en est donné au signataire de la dépêche.

Un ordre de l'armée ou du corps d'armée peut ouvrir certains bureaux télégraphiques, placés en dehors des quartiers généraux, à la transmission de toutes les dépêches militaires.

Les dépêches importantes peuvent être chiffrées avant d'être transmises.

Il y a le plus grand intérêt à s'abstenir de rédiger une dépêche, partie en langage clair, partie en langage secret.

Si, faute de temps, il est impossible de chiffrer complètement une longue dépêche, il est indispensable de s'astreindre au moins à chiffrer des alinéas complets.

Les dépêches télégraphiques doivent toujours être confirmées par écrit.

Les confirmations des dépêches télégraphiques chiffrées sont rédigées, suivant leur importance, soit en langage clair, soit en langage secret.

Quand le télégramme est important, la confirmation doit elle-même en être chiffrée. Mais celle-ci ne doit pas être la transcription du télégramme chiffré : la confirmation chiffrée doit résulter d'un nouveau chiffrement, exécuté, s'il est possible, par un autre officier, dans le but d'éviter les fautes commises dans le chiffrement du télégramme.

Quand le télégramme n'a pas grande importance, la confirmation peut en être rédigée en clair. Dans ce cas, l'officier chargé de chiffrer le télégramme peut faire subir à son texte, au moment de le chiffrer, ainsi que cela se pratique habituellement dans la rédaction télégraphique, quelques simplifi-

<table><tr><td>Etats-majors.</td><td>1.</td></tr></table>

cations, telles que suppressions d'articles, pronoms, préposi-
tions, etc... pourvu qu'elles n'altèrent pas le sens du
télégramme et n'en diminuent pas la clarté. Grâce à cette
précaution, la confirmation en clair, qui n'est autre que le
texte même du télégramme avant les simplifications qu'il a
subies, ne se trouve pas être la traduction littérale en clair
du télégramme chiffré.

Lorsque la traduction en clair d'une dépêche qui a été
chiffrée devra être livrée à la publicité, ou même à la possi-
bilité d'une indiscrétion, elle devra être rédigée de manière à
éviter toute reproduction des termes ayant été chiffrés.

3° Service du quartier général.

Art. 51. Le service du quartier général rattaché au 1er bureau
de l'état-major, comprend le commandement et l'administration
du quartier général.

Fonctions du commandant du quartier général.

Art. 52. Un officier désigné comme commandant du quartier-
général assure, d'après les instructions du chef d'état-major, l'installation, le service et la garde du quartier-général.

Dans les quartiers généraux de corps d'armée et de division, il
est, autant que possible, pris en dehors des officiers de l'état-
major.

Il est sous les ordres directs du chef d'état-major.

Il peut être autorisé à signer toutes les pièces concernant son
service. Ces pièces sont enregistrées sur un registre particulier
sous le timbre de : « Commandement du quartier général. »

Les fonctions du commandant du quartier général sont les
suivantes :

En marche, il commande les campements réunis du quartier
général ;

Il est chargé de tout le cantonnement dans les lieux où le
quartier général va s'établir ; les chefs de service détachent à cet
effet auprès de lui un officier, sous-officier ou agent ;

Il installe lui-même le personnel et les bureaux de l'état-major
et fait établir un état des adresses des chefs de service et de leurs
bureaux ; cet état est affiché à l'état-major ;

Il arrête les mesures relatives à la sécurité du quartier général
et reconnait les emplacements à occuper par les postes et les
gardes ;

Il se concerte avec le commandant de la gendarmerie pour la
police du quartier général et, notamment, pour la surveillance à
exercer aux abords des bureaux des états-majors ;

Il s'occupe du logement et de la nourriture des officiers venant
en mission au quartier général, ainsi que de leurs ordonnances
et de leurs chevaux.

Il assure les soins à donner aux chevaux des officiers de passage quand ils ne sont pas accompagnés.

Il règle le service de l'escorte, des estafettes, des plantons et des vélocipédistes, ainsi que le service vétérinaire et la ferrure des chevaux du quartier général ;

Il règle les distributions de fourrages pour les chevaux des officiers, et fait assister les ordonnances à des appels journaliers.

Il fixe les lieux et les heures de rassemblement du train régimentaire du quartier général et les fait connaitre au vaguemestre et au commandant de la force publique ;

Il surveille le service de la prison installée près du quartier général par le prévôt ou le commandant de la force publique, et il en transmet chaque jour la situation sommaire au chef d'état-major ;

Il installe et place en subsistance dans le détachement du train qui assure le service du quartier général, ou dans un corps voisin, les détachements ou les hommes isolés qui doivent séjourner au quartier général ;

Il tient les états, nominatifs pour les officiers, numériques pour la troupe, de tout le personnel attaché au quartier général, ainsi que les contrôles des chevaux, des voitures et du matériel.

Dans les quartiers généraux d'armée et de corps d'armée en station, le commandant du quartier général est secondé dans son service par le commandant de l'escorte.

Officier d'approvisionnement du quartier général.

Art. 53. Dans chaque quartier général, un officier d'administration est désigné pour remplir les fonctions d'officier d'approvisionnement. Dans les états-majors de brigade, l'officier d'ordonnance de réserve fait fonctions d'officier d'approvisionnement.

CHAPITRE IV.

Relations journalières entre les états-majors.

Art. 54. En principe, chaque commandement subordonné envoie, tous les jours, au quartier général ou à l'état-major du chef dont il relève directement un officier, fonctionnaire ou agent assimilé, chargé d'assurer la transmission des ordres et renseignements.

Cet officier utilise, autant que possible, un moyen de locomotion rapide (bicyclette, motocycle, automobile).

Il apporte toutes les pièces et documents que doit fournir son état-major ou l'unité dont il fait partie ; il doit être en mesure de donner les renseignements complémentaires qui peuvent lui être demandés.

À son retour, il emporte les ordres, instructions et renseignements destinés à l'autorité qu'il représente.

CHAPITRE V.

DES ORDRES.

Ordres. — Leur définition.

Art. 55. Les décisions du commandement sont notifiées aux intéressés sous le titre et dans la forme d'ordres.

Elles peuvent l'être également sous forme d'instructions, lorsque l'autorité qui ordonne se borne à fixer le but à atteindre, sans prescrire d'une manière formelle les moyens d'exécution à employer.

Les généraux et chefs de corps ou de services ont l'obligation de faire enregistrer les ordres et instructions qu'ils donnent. (Art. 16 du règlement sur le service en campagne.)

Cette prescription s'applique également aux ordres verbaux, mais ceux-ci sont exceptionnels, et, en principe, tous les ordres sont donnés par écrit.

Classification des ordres.

Art. 56. Les ordres sont généraux ou particuliers, suivant qu'ils s'adressent à la totalité ou seulement à une fraction des troupes placées sous le commandement de l'autorité dont ils émanent.

Les ordres généraux ou particuliers, relatifs aux opérations (ordres de mouvement, de stationnement, de combat, d'avant-postes, etc..., ordres pour le ravitaillement, les évacuations, etc.) forment une série spéciale et sont inscrits sur un registre portant le titre de : « Registre des ordres d'opérations. »

Les autres ordres généraux et particuliers sont enregistrés en deux autres séries correspondant à ces deux dénominations.

Les instructions sont, suivant leur nature, enregistrées dans les mêmes conditions et sur les mêmes registres que les ordres.

1° Ordres et instructions relatifs aux opérations.

ARMÉE.

Ordres et instructions de l'armée.

Art. 57. Les ordres et instructions, destinés à régler les opérations et qui émanent du commandement d'une armée sont, ou des ordres généraux, ou des instructions générales d'opérations, s'appliquant à l'armée entière, ou bien des ordres particuliers ou instructions particulières d'opérations s'appliquant seulement à une fraction ou à un service particulier de l'armée.

A moins de prescriptions spéciales du commandant de l'armée, les ordres et instructions de l'armée ne sont destinés qu'aux commandants de corps d'armée, aux commandants des unités indépendantes rattachées à l'armée, ou aux chefs de service de l'armée.

Les ordres et instructions de l'armée peuvent se rapporter à plusieurs journées d'opérations.

CORPS D'ARMÉE.

a) Ordre général du corps d'armée.

Art. 58. Dans le corps d'armée, les opérations sont réglées, en principe, tous les jours, par un ordre général et, s'il y a lieu, par des ordres particuliers ou instructions particulières.

L'ordre général s'adresse aux généraux commandant les divisions, au général commandant la brigade de cavalerie, aux commandants de l'artillerie et du génie du corps d'armée. Il leur est adressé intégralement.

Il suffira généralement de communiquer l'ordre, par extraits, en ce qui les concerne, à l'intendant, au sous-intendant du quartier général, au directeur du service de santé, aux chefs des services vétérinaire, de la trésorerie et des postes, de la télégraphie, au prévôt.

b) Ordres particuliers et instructions particulières du corps d'armée.

Art. 59. Des ordres particuliers ou instructions particulières, sont, en outre, adressés, s'il y a lieu, aux chefs de certaines unités qui ont à accomplir une mission spéciale, tels que le commandant de la brigade de cavalerie, le commandant de l'avant-garde, le commandant d'un détachement.

Ces ordres ou instructions précisent la mission, qui n'a été indiquée que d'une façon sommaire dans l'ordre général, et signalent les points qui doivent fixer l'attention du destinataire pour qu'il remplisse cette mission conformément aux vues du commandant du corps d'armée.

Ils sont, en principe, adressés aux chefs des différentes unités qu'ils concernent, par l'intermédiaire de leurs chefs hiérarchiques. En cas d'envoi direct, ceux-ci doivent en recevoir communication.

C'est généralement aussi par des ordres particuliers ou instructions particulières que sont réglés les mouvements des parcs et des convois, savoir :

Du parc d'artillerie, éventuellement du parc du génie et de l'équipage de pont (1), des convois administratifs et de la réserve d'effets ; du troupeau de ravitaillement et du parc de bétail ; de la bou-

---

(1) Le parc du génie et l'équipage de pont font habituellement partie du train de combat. (Serv. en camp., art. 46.)

langerie de campagne s'il y a lieu, du dépôt de remonte mobile; des hôpitaux de campagne.

Ces ordres sont établis en tenant compte, s'il y a lieu, des propositions présentées par le général commandant l'artillerie, le commandant du génie, l'intendant, le directeur du service de santé, après que ces chefs de service ont reçu, par les soins de l'état-major, connaissance des décisions du général pour l'opération de la journée.

Ils indiquent les mouvements des différents échelons, soit en avant pour ravitailler, soit en arrière pour se recompléter.

Ils sont adressés à chacun des généraux et chefs de service, qui sont chargés d'en assurer l'exécution.

Les ordres particuliers concernant les convois sont adressés, en outre, au chef d'escadron commandant le train des équipages, qui exerce le commandement des convois administratifs.

c) Communication des ordres aux troupes non endivisionnées et aux organes des différents services du corps d'armée.

Art. 60. Le général commandant la brigade de cavalerie, le général commandant l'artillerie, le colonel commandant le génie et les différents chefs de service du corps d'armée, communiquent aux troupes qu'ils commandent, ou aux services dont ils ont la direction, la partie des ordres du corps d'armée qui concerne ces troupes ou services. Ils y ajoutent les prescriptions qu'ils jugent nécessaires pour en assurer l'exécution.

DIVISION ET BRIGADE.

Ordres de la division. — Ordres de la brigade.

Art. 61. Au reçu des ordres et instructions du commandant du corps d'armée, il est établi un ordre de la division, comprenant les indications de l'ordre général du corps d'armée qu'il est indispensable de faire connaitre aux généraux de brigade et chefs de service de la division, ainsi que les dispositions particulières prises par le général commandant la division pour remplir les intentions du commandement supérieur.

L'ordre de la division sera adressé aux généraux de brigade et aux commandants des unités directement subordonnées (artillerie et cavalerie divisionnaires). Il suffira généralement de le communiquer par extraits au commandant de la compagnie du génie, au sous-intendant, au médecin divisionnaire et au commandant de la force publique.

L'ordre de la division servira de base aux ordres donnés par les généraux de brigade; ces ordres se borneront à des prescriptions aussi brèves que possible sur le mouvement, le stationnement, le ravitaillement, les évacuations. Les autres indications qu'il serait utile de donner seront communiquées, ultérieurement et le plus souvent verbalement par le général de brigade aux chefs de corps.

ORDRE PRÉPARATOIRE.

Art. 62. En règle générale, et sauf dans le cas exceptionnel où les ordres pourront être expédiés de bonne heure, ils seront précédés d'un ordre préparatoire, envoyé le plus tôt et le plus rapidement possible (télégraphe ou locomotion rapide).

Cet ordre préparatoire donnera sommairement, sur les opérations du lendemain, les indications nécessaires pour que la mise en marche des troupes puisse être immédiatement réglée.

2° Etablissement et transmission des ordres.

Etablissement des ordres d'opérations.

Art. 63. D'une façon générale, les ordres d'opérations font connaitre le but de l'opération, les moyens d'exécution, les prescriptions se rapportant au ravitaillement et aux évacuations.

On doit éviter d'insérer dans les ordres d'opérations des indications ou prescriptions qui n'intéressent pas les troupes auxquelles ils s'adressent. Ils ne doivent non plus contenir aucune disposition de détail que le destinataire est à même de prescrire lui-même.

Art. 64. Les ordres d'opérations ne sauraient être tous établis d'après un modèle invariable. Il importe, avant tout, de n'y faire entrer que les indications ou prescriptions essentielles et de présenter celles-ci dans un ordre rationnel.

La nomenclature ci-après n'est donc donnée qu'à titre de memento, sans qu'on soit obligé de traiter tous les points qu'elle vise ni d'observer l'ordre qu'elle indique

I. — BUT DE L'OPÉRATION.

Renseignements sur l'ennemi et ordres reçus, en tant qu'ils intéressent l'unité à laquelle l'ordre est destiné.

Opération projetée, dans la limite où le commandement juge possible et nécessaire de la faire connaitre.

II. — MESURES D'EXÉCUTION.

Pour le mouvement.

Mission de la cavalerie (indications sommaires, s'il est établi un ordre particulier) ;
Composition de la ou des colonnes,
Ordre de marche, itinéraire à suivre ;
Place des trains ;
Heures de départ ou de passage à un point désigné des prinpaux éléments ;
Haltes ;

Place du commandant du corps d'armée dans la colonne;

Mouvement du quartier général;

Mission assignée s'il y a lieu, à l'avant-garde, à l'arrière-garde, à une flanc-garde (indications sommaires, s'il est établi des ordres ou instructions particulières);

Liaison des colonnes (s'il y a lieu).

Pour le stationnement.

Zones ou localités attribuées aux unités directement subordonnées;

Emplacements des quartiers généraux;

Avant-postes;

Emplacements des parcs et convois.

Pour le combat.

Points que doivent occuper ou attaquer les avant-gardes;

Points de rassemblement des principaux éléments;

Premiers objectifs s'il y a lieu;

Point où se tiendra, au début, le commandant de corps d'armée

III. — Prescriptions et renseignements pour les différents services.

Mode d'alimentation. Distributions, ravitaillement.

Réapprovisionnement en munitions.

Mouvements des parcs et convois.

Indications relatives au service de santé, des chemins de fer et des étapes, de la télégraphie, de la trésorerie et des postes.

En ce qui intéresse les troupes.

Cette nomenclature sera utilement consultée pour l'établissement de l'ordre de la division, dans la limite que comporte l'importance moindre et la sphère d'action plus réduite de l'unité à laquelle il est destiné.

Les renseignements relatifs à l'exécution de la marche et au stationnement pourront avantageusement, dans certains cas, être réunis sous forme de tableaux.

Art. 65. Si certains renseignements faisaient défaut, au moment de l'établissement de l'ordre d'opérations, notamment en ce qui concerne les prescriptions et renseignements pour les différents services, il y aurait avantage à comprendre ces renseignements et prescriptions dans une seconde partie de l'ordre qui ferait l'objet d'un envoi ultérieur.

Recommandations au sujet de la rédaction des ordres.

Art. 66. Il y a lieu de tenir compte, dans la rédaction des ordres d'opérations, des recommandations suivantes :

Orthographier correctement les noms des localités, les donner complets, et, au besoin dans les deux langues des pays frontières.

Indiquer la carte dont on s'est servi pour rédiger l'ordre.

Préciser, par l'indication de points faciles à trouver sur la carte, la situation de ceux qui n'y figureraient pas en caractères bien apparents, procéder de même à l'égard des cotes employées comme moyen de détermination d'un emplacement à occuper ou d'une direction à suivre ;

Employer les termes d'orientation de préférence aux expressions « à droite, à gauche, en avant, en arrière » ;

Ecrire en chiffres et en toutes lettres les dates et heures importantes et joindre toujours à ces dernières l'indication matin de minuit à midi et soir de midi à minuit.

Transmission des ordres.

Art. 67. Aussitôt établis, les ordres sont expédiés le plus rapidement possible.

En principe, la transmission des ordres est assurée par des officiers envoyés à cet effet dans les conditions indiquées à l'article 54. Ces ordres sont rapportés directement par eux à leur général.

Si les officiers convoqués en vertu de cet article ont été autorisés à repartir, ou s'ils ne se sont pas présentés en temps utile, les ordres d'opérations sont portés au destinataire par un officier appartenant à l'état-major du commandement dont ces ordres émanent.

Art. 68. Les ordres d'opérations d'armée sont communiqués au général en chef et aux armées voisines ;

Les ordres d'opérations de corps d'armée sont adressés au général commandant l'armée et communiqués aux corps d'armée voisins.

Les ordres d'opérations de division sont adressés au général commandant le corps d'armée et communiqués aux divisions voisines.

3° Ordres généraux et particuliers autres que les ordres d'opérations.

Art. 69. Les ordres généraux et particuliers, autres que les ordres d'opérations, sont donnés pour l'ensemble des armées, le groupe d'armées, l'armée, le corps d'armée, la division, la brigade, le régiment.

Ils contiennent les prescriptions d'ordre général, permanentes ou temporaires qu'il importe de porter à la connaissance du groupe d'unités ou de l'unité à laquelle ils s'adressent.

Ces ordres sont, en principe, transmis et communiqués *in extenso*.

CHAPITRE VI.

DES RENSEIGNEMENTS.

Art. 70. Le commandement à tous les degrés doit être renseigné, d'une part, sur la situation de ses propres troupes et des troupes voisines, d'autre part, sur l'ennemi.

Renseignements sur les troupes.

Art. 71. Les renseignements sur les troupes sont fournis sous la forme de situations ou d'états concernant les effectifs et les approvisionnements de toutes natures; de tableaux indiquant les emplacements des unités; de comptes rendus ou de rapports sur les dispositions prises en exécution d'un ordre ou d'une instruction du commandemnt supérieur.

Les renseignements sur les troupes voisines résultent de la communication des ordres d'opérations, exécutée ainsi qu'il est dit à l'article 68.

Art. 72. Les états-majors établissent ou centralisent les divers documents qui viennent d'être énumérés.

Les états-majors d'armée fournissent, s'il y a lieu, au Ministre de la guerre, tous les renseignements sur les troupes, qui peuvent lui être utiles.

Renseignements sur l'ennemi.

Art. 73. Les renseignements sur l'ennemi sont obtenus, soit à l'aide d'agents spéciaux, soit par les services d'exploration et de sûreté, soit par les reconnaissances spéciales confiées à des officiers d'état-major.

Ces renseignements sont centralisés dans les états-majors; il y subissent le travail de contrôle et de coordination, qui permet seul d'apprécier la valeur et le degré de certitude des diverses informations.

Transmission des renseignements.

Art. 74. Tout renseignement sur l'ennemi, de quelque nature qu'il soit, doit être immédiatement transmis par celui qui les recueille ou le reçoit à son chef direct, ou, en cas d'urgence, et en même temps qu'à celui-ci, à l'autorité supérieure intéressée.

Fait à Paris, le 20 février 1900.

Le Ministre de la guerre,

GALLIFFET.

<table>
<tr><td>

ᵉ ARMÉE.

ᵉ CORPS D'ARMÉE

ᵉ DIVISION.

ᵉ BRIGADE.

</td><td>

MODÈLE Nº 1.

Article 43 de l'instruc-
tion sur le service
des états-majors.

FORMAT :
0ᵐ,17 sur 0ᵐ,11

</td></tr>
</table>

CARNET D'ENTRÉE

DES DÉPÊCHES, NOTES OU COMMUNICATIONS

ÉCRITES OU VERBALES

RELATIVES AUX OPÉRATIONS.

NOTA. Le présent carnet est tenu en marche et en station par l'officier de jour qui le signe et le remet à son remplaçant en lui passant le service.

L'indication de la date n'est pas répétée en regard de chaque enregistrement; elle est portée une fois pour toutes en tête de chaque journée.

Le numéro d'enregistrement est reproduit sur les pièces reçues.

NUMÉROS.	LIEU ET HEURE DE RÉCEPTION.	AUTORITÉ DONT LA COMMUNICATION ÉMANE. — DÉSIGNATION DU PORTEUR.

OBJET DES DÉPÊCHES, NOTES, COMMUNICATIONS ÉCRITES OU VERBALES

RELATIVES AUX OPÉRATIONS.

e ARMÉE.

— • CORPS D'ARMÉE.

— e DIVISION.

— e BRIGADE.

CORPS :

SITUATION

DE PRISE D'ARMES

le

MODÈLE Nº 2.

—

Article 28 de l'instruction sur le service des états-majors.

Format : 26/18.

OFFICIERS (1) (tant).	(Infanterie (2). Hommes.... (Cavalerie) (3). Sabres...... } (tant). (Artillerie) (4). Pièces......
VIVRES (5)	
MUNITIONS (6)	*Le Chef de corps.*

(1) Sont compris dans le chiffre des officiers tous les officiers combattants marchant avec la troupe; n'y sont pas compris les officiers marchant avec les trains régimentaires, les médecins, les vétérinaires.

(2) Sont compris dans le chiffre des hommes tous les sous-officiers, caporaux, soldats, clairons, tambours marchant avec la troupe; n'y sont pas compris les soldats marchant avec les trains régimentaires.

(3) Sont compris dans le chiffre des sabres tous les sous-officiers, brigadiers, cavaliers en état de combattre à cheval; n'y sont pas compris les conducteurs de chevaux de main, de chevaux indisponibles, les hommes à pied, les cavaliers marchant avec les T. R.

(4) Sont compris dans le nombre des pièces toutes les pièces suffisamment attelées et servies pour pouvoir être utilisées.

(5) Vivres (infanterie et artillerie), tant de jours (de sac ou de jour); (cavalerie) assurées ou non pour la journée.

(6) Munitions, au complet, ou tant de cartouches par homme, ou tant de coups par pièce.

Article 28 de l'instruction sur le service des états-majors.

Format : 26/18.

° ARMÉE.

° CORPS D'ARMÉE.

MODÈLE N° 3.

SITUATION DE PRISE D'ARMES

le

FUSILS

SABRES

PIÈCES

VIVRES

MUNITIONS

P. O. le chef d'état-major.

NOTA. — Le nombre des fusils et sabres est celui des hommes de troupe relevé dans les situations de l'infanterie et de la cavalerie.

MODÈLE N° 4.

(Art. 29.)

(Recto.)

SITUATION-RAPPORT DES CINQ JOURS.

Situation à la date du

UNITÉS CONSTITUTIVES.	RATIONNAIRES PRÉSENTS.			OBSERVATIONS.
	Officiers.	Troupe.	Chevaux et mulets.	

(Verso.)

RAPPORT SOMMAIRE.

1° Variations d'effectifs. — Mutations d'officiers.

2° Approvisionnements en vivres.

3° Approvisionnements en munitions.

4° Etat sanitaire.

5° Divers.

A   , le

° ARMÉE.

°CORPS D'ARMÉE.

ᵉ DIVISION.

° BRIGADE.

CORPS OU SERVICE.

MODÈLE Nᵒ 5.

(Corps ou service.)

Art. 30 de l'instruction
sur le service des états-majors

Format : 26/18.

ÉTAT *des officiers, sous-officiers et soldats tués (ou blessés) au combat de   le*

NUMÉROS matricules.	NOMS.	PRÉNOMS.	GRADE.	LIEU de NAISSANCE.	OBSERVATIONS et RENSEIGNEMENTS particuliers.
1	2	3	4	5	6

A   , le

Le

Nota — Il est établi, dans chaque corps ou service, des états distincts pour les militaires tués et pour les militaires blessés. Ces états sont transmis hiérarchiquement à l'état-major général de l'armée qui les fait parvenir au Ministre. Des états analogues sont établis et transmis pour les militaires tombés au pouvoir de l'ennemi et pour les militaires disparus.

e ARMÉE.

e CORPS D'ARMÉE.

e DIVISION.

BRIGADE.

ÉTAT-MAJOR.
(1er bureau.)

MODÈLE Nº 6.

(Corps de troupe, services,
brigades et divisions.)

Art. 30 de l'instruction
sur le service des états-majors.

ÉTAT *des pertes éprouvées dans le combat de*
le

CORPS OU SERVICE.	OFFICIERS.		SOUS- OFFICIERS (Nombre)	SOLDATS. (Nombre)	CHEVAUX. (Nombre)	OBSERVATIONS et RENSEIGNEMENTS particuliers sur les officiers.
	Noms et prénoms.	Grade.				
1º *Tués.*						
2º *Blessés.*						
3º *Prisonniers*						Indiquer dans cette colonne si les officiers faits prisonniers ont été blessés, et l'endroit où ils ont été vus pour la dernière fois.
4º *Disparus.*						Indiquer dans cette colonne les circonstances connues de la disparition des officiers.

NOTA. — Cet état est établi, après chaque combat, dans les corps, services, brigades et divisions, et transmis hiérarchiquement à l'état-major du corps d'armée.

Au Quartier général, à   le

Le Général commandant,

e ARMÉE.

—

CORPS D'ARMÉE.

ÉTAT-MAJOR.
(1er bureau.)

MODÈLE N° 6 *bis*.

—

(Corps d'armée.)

Art. 30 de l'instruction
sur le service des états-majors.

ETAT des pertes éprouvées dans le combat de
le

CORPS OU SERVICE.	OFFICIERS généraux et supérieurs.		OFFICIERS subalternes. (Nombre)	TROUPE. (Nombre)	CHEVAUX. (Nombre)	OBSERVATIONS et RENSEIGNEMENTS particuliers.
	Noms et prénoms.	Grade.				
1o *Tués.*						
2o *Blessés.*						
3o *Prisonniers.*						
4o *Disparus.*						

NOTA. — Cet état est adressé, après chaque combat, à l'état-major de l'armée. Les renseignements numériques sont en outre envoyés par le télégraphe, s'il fonctionne, dès qu'on a les éléments nécessaires pour les établir.

Au Quartier général, à   le

Le Général
commandant le corps d'armée,

^e ARMÉE.

ÉTAT-MAJOR GÉNÉRAL.

(1er BUREAU.)

MODÈLE N° 6 *ter*.

(Armée.)

Art. 30 de l'instruction
sur le service des états-majors

ÉTAT des pertes éprouvées dans le combat de
le

CORPS D'ARMÉE et DIVISIONS indépendantes.	OFFICIERS GÉNÉRAUX.		OFFICIERS		TROUPE.	OBSERVATIONS et RENSEIGNEMENTS particuliers.
	Noms et prénoms.	Grade.	supérieurs. (Nombre)	subalternes. (Nombre)	(Nombre)	
1° *Tués.*						
2° *Blessés.*						
3° *Prisonniers.*						
4° *Disparus.*						

NOTA. — Cet état est adressé, après chaque combat, au grand état-major général, ou au Ministre, si l'armée opère isolément. Les renseignements numériques sont en outre transmis par le télégraphe. Le grand état-major général envoie au Ministre un état analogue pour l'ensemble des armées.

Au Quartier général à   le

Le Général commandant en chef
la   armée,

5

www.ingramcontent.com/pod-product-compliance
Lightning Source LLC
Chambersburg PA
CBHW061711060726
47597CB00006B/2303